LES TROIS JOURNÉES

DU

BOURGET

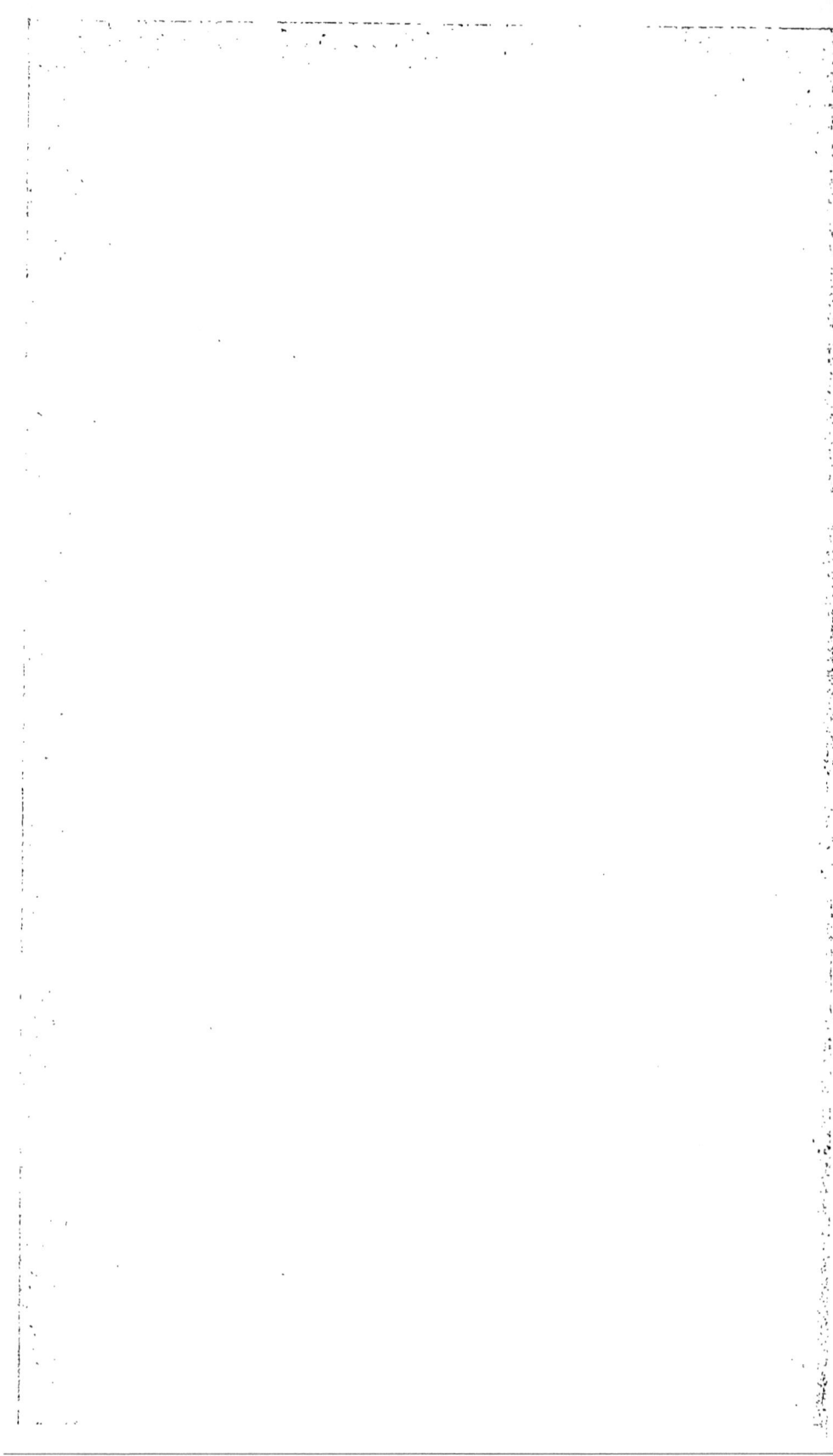

OZOU DE VERRIE

LES TROIS JOURNÉES

DU

BOURGET

―――

LA MORT

DU

COMMANDANT BAROCHE

PARIS

A LA LIBRAIRIE ROUQUETTE

85, PASSAGE CHOISEUL, 85

―

MDCCCLXXI

Si le lecteur ouvrait cette brochure avec l'idée d'y trouver le récit imagé d'une bataille, dramatisé par la plume de l'écrivain ou l'imagination du romancier, il la fermerait sur une déception.

M. Ozou de Verrie n'a pas eu la prétention de faire un livre, encore moins une épopée. Tout au plus voulait-il faciliter leur tâche aux historiens à venir, en leur donnant le sommaire d'un chapitre authentique. La mort ne le lui a pas permis. Épuisé par les fatigues de la campagne, il a succombé pendant la triste période de la Commune, sans avoir eu le temps de se relire et de coordonner son travail.

Si nous le publions aujourd'hui, c'est qu'il nous semble remplir encore le but de l'auteur, malgré ses imperfections.

Plus tard, quand des esprits rassérénés, remontant aux sources paisibles de l'impartialité, entreprendront d'écrire cette lutte gigantesque qui fut la guerre de la Prusse contre la France en 1870, ils auront bien des écueils à éviter, entre autres les comptes rendus des journaux, chez lesquels le patriotisme s'exalte souvent aux dépens de la vérité. Alors, peut-être, ils nous sauront gré de leur avoir conservé ce procès-verbal des combats du Bourget, dressé par un témoin oculaire, et, grâce à ce journal d'un ambulancier, rédigé au jour le jour avec une simplicité presque naïve, ils pourront léguer à la postérité le tableau fidèle d'un des épisodes les plus importants de la défense de Paris.

Puissent nos enfants, en lisant les noms de ces jeunes héros tombés glorieusement au service de la patrie en danger, ramasser leurs vaillantes armes et venger leur sang par une éclatante revanche !

LES TROIS JOURNÉES

DU BOURGET

ᴛᴛᴀᴄʜÉ comme chef d'ambulance au corps du général de Bellemare, j'avais, le 25 septembre 1870, reçu de l'intendant général de l'armée l'autorisation *de me porter sur les points les plus avancés, pour donner des soins.aux militaires blessés dans les postes même les plus exposés, et toutes les autorités militaires étaient invitées à faciliter ma tâche de dévouement.*

Tels étaient les termes de mon mandat. J'ai la conscience de l'avoir rempli résolûment, malgré mes soixante-six ans. Après avoir servi mon pays en qualité d'officier, j'ai voulu lui être utile encore en secourant les blessés, et en lui rendant ainsi des défenseurs. Au reste, il ne m'appartient pas de dire comment j'ai compris ma mission. Je laisse ce soin aux dignes enfants de Paris, dont j'ai partagé les périls et les souffrances morales.

Qu'il me soit permis cependant de rendre hommage au dévouement de ma courageuse femme, qui a tenu à me suivre sur le champ de bataille. Sans calculer le danger, elle a secouru et relevé les blessés des 8e et 12e bataillons des mobiles de la Seine. Bravant la mitraille et la rigueur du temps, afin de prodiguer à nos soldats des soulagements et des consolations, elle a eu pour eux le cœur d'une mère, et c'est aussi le nom que se plaisaient à lui donner tous ceux dont sa tendresse a charmé la douleur.

Tout d'abord, maintenant, il me semble indispensable de tracer en quelques lignes le plan des lieux qui furent le théâtre de la lutte.

Le Bourget, dont la rue principale n'est qu'un prolongement de la route de Paris à Compiègne, est un village d'environ 700 habitants, situé à 6 kilomètres des fortifications de Paris.

L'importance de sa position topographique ne pouvait échapper aux Prussiens, qui l'occupèrent le 20 septembre 1870, et en firent un point stratégique. En effet, il est le centre d'un carré ayant à l'angle nord-ouest le village de Dugny, et celui de Blanc-Mesnil à l'angle nord-est; Courneuve forme l'angle sud-ouest, et Drancy l'angle sud-est.

Desservi par une station du chemin de fer du Nord, qui relie également Courneuve à Drancy, le Bourget est dominé, à bonne distance de tir, par les forts de l'Est et d'Aubervilliers. Il est traversé dans sa partie basse par une petite rivière dite la Molette, et, à 4,000 mètres en avant, du côté de la grande route, on découvre le Pont-Iblon, que baigne la Morée.

Il n'existe dans l'intérieur du Bourget que deux rues à gauche : l'une, au-dessous de

1.

l'église, conduit à Dugny ; l'autre, au-dessus de l'église, conduit au cimetière et rencontre la première à la sortie du village. Au haut, et du même côté, un sentier débouche de la campagne dans la grand'rue ; en face, à droite, est le chemin de Blanc-Mesnil, qui passe entre le petit parc du Bourget et la gendarmerie.

Cette description succincte suffira, j'espère, pour permettre au lecteur de connaître exactement les positions respectives des parties belligérantes. Je l'engage toutefois à suivre, s'il est possible, mon récit sur la carte. Il ne pourra prendre un peu d'intérêt à ces détails qu'à la condition de bien s'orienter et de se rendre parfaitement compte de la disposition de la scène.

Journée du 28 octobre.

L E vendredi 28 octobre, à trois heures du matin, le général de Bellemare fit exécuter sur le Bourget un coup de main hardi par 300 francs-tireurs de la Presse (commandant Rolland). Cette opération eut pour résultat de déloger l'ennemi, qui était maître du village depuis le 20 septembre.

Malgré les renforts que reçurent les Prussiens vers dix heures du matin, ils furent refoulés jusqu'au Pont-Iblon par les francs-tireurs, auxquels étaient venues se joindre quatre compagnies du 14e bataillon de mobiles, expédiées en toute hâte d'Aubervilliers. En vain l'ennemi revint à la charge vers midi, avec une nombreuse infanterie et un fort détachement d'artillerie; il ne put reprendre la position, que le général de Bellemare s'était empressé de faire défendre par deux bataillons, le 34e de marche et le 14e des mobiles de la Seine. Ces forces, soutenues par deux pièces de quatre et une mitrailleuse, avaient pour réserve le 16e bataillon des mobiles de la Seine et un demi-bataillon du 28e de marche. Deux pièces de douze établies en avant de Courneuve devaient prendre l'ennemi en flanc.

Les Prussiens, pendant cinq heures, ne cessèrent de tirer sur le village, dont ils incendièrent plusieurs maisons. Malgré la vigueur de leur attaque, ils ne purent reprendre le Bourget et se retirèrent à l'approche de la nuit. Notre artillerie, la réserve et une compagnie de francs-tireurs retournèrent alors chercher un peu de repos dans leurs cantonnements. Les sapeurs du génie restèrent et se mirent immédiatement à l'œuvre pour rétablir les communications, relever les murs des jardins et réparer les barricades. Le 12ᵉ bataillon des mobiles de la Seine reçut en même temps, c'est-à-dire vers six heures du soir, l'ordre de quitter Saint-Denis et de se rendre au Bourget pour y renforcer la défense.

Les Prussiens, ayant sans doute appris que notre réserve était rentrée, reparurent à sept heures et demie et essayèrent de surprendre nos postes. Ils se déployèrent en tirailleurs devant une barricade que gardait, sous le commandement du capitaine Forey, la 3ᵉ compagnie du 14ᵉ bataillon de mobiles. Cet ouvrage de défense, élevé à l'angle des deux rues du Bourget, dont il fermait l'entrée, se ressentait de sa construction trop précipitée et encore incomplète. Le capitaine Forey n'en eut que plus de mérite à ne pas le laisser enlever. Avec un sang-froid et un courage qui ont fait l'admiration de tous ses soldats, il attendit les Prussiens de pied ferme et ne commanda le feu que lorsqu'ils furent à bonne portée. Forcés de battre en retraite, ils laissèrent plusieurs hommes sur le terrain. Quelques-uns de nos braves mobiles payèrent aussi de leur vie cet avantage éphémère.

Un autre détachement ennemi s'était également approché à quarante pas de la barricade du cimetière, favorisé par l'obscurité et le bruit du canon, qui tonnait sans relâche. Néanmoins, l'alerte fut donnée par le mobile Schmeider, qui, de faction aux avant-postes, déchargea courageusement son arme. En moins de cinq minutes, la compagnie fut en ligne, maintint ses positions, et fit subir aux grenadiers de la garde prussienne une perte de soixante hommes. Le feu n'avait pas encore cessé, qu'arrivait au pas de course le 12e bataillon des mobiles de la Seine.

A sa tête marchait le commandant Baroche, hier encore industriel distingué, et aujourd'hui déjà hardi tacticien.

Doué d'un caractère chevaleresque et d'une grande énergie de volonté, rendue plus inflexible encore par l'élévation de ses sentiments, comprenant d'ailleurs que noblesse oblige, il n'avait pu rester indifférent aux douleurs de la patrie. Aussi, sans écouter la voix impérieuse des affaires, qui réclamaient toute son activité et ses hautes aptitudes, il sollicita, dès le début de la campagne, un grade dans la mobile de la Seine, et reçut, le 3 août, son brevet de chef de bataillon. Le gouvernement du 4 septembre, complice en cela des attaques de la presse, qui voulait atteindre en lui le ministre du régime déchu, crut le destituer en édictant la mesure qui soumettait à l'élection la désignation des officiers. Il ne fit que mettre plus en relief l'estime et l'affection que les soldats avaient pour leur chef. En effet, l'unanimité des votes vint ratifier le choix dont il avait été l'objet. Touché de ce témoignage si spontané, M. Ernest Baroche se consacra tout entier à ses nouvelles fonctions; il échangea avec la meilleure grâce du monde les habitudes laborieuses de l'homme de cabinet contre les plus rudes épreuves de la vie des camps, et il ne cessait même de répéter que le métier des armes était sa véritable vocation.

A peine sur le terrain, il fit passer plusieurs compagnies du côté droit du village et éta-

blit son centre un peu au-dessous de l'é-
glise.

C'est là aussi que j'installai ma petite
ambulance, dont le service se composait de six
personnes : — l'aide-major Gontier, du 12ᵉ ;
Camille Toussaint, ancien militaire d'une
grande résolution, qui avait absolument
voulu m'accompagner ; deux mobiles faisant
fonctions d'aides et de porte-sacs, ma femme
et moi.

Pendant la nuit du vendredi au samedi, on
continua à se fortifier le plus solidement possible. Nos forces s'élevaient alors, dans le
Bourget, à environ 2,200 hommes.

Journée du 29 octobre.

'EST dans cette situation que nous trouva la matinée du samedi. Dès six heures du matin, un grand mouvement de troupes fut signalé du côté de l'ennemi. Le général de Bellemare renforça aussitôt le Bourget d'un bataillon de voltigeurs (28ᵉ de marche), de quatre pièces de quatre et d'une mitrailleuse. Il était temps, car à huit heures le feu recommença plus formidable que la veille. On n'évalue pas à moins de 1,800 le nombre des projectiles que quarante bouches à feu firent, pendant près de neuf

2

heures, pleuvoir sans interruption sur le Bourget, mettant à jour et incendiant les maisons, brisant les futaies, renversant les murs crénelés, labourant les enclos. Nos braves mobiles conservèrent leurs rangs avec le sang-froid de troupes éprouvées, encouragés par l'ardeur et l'intrépidité de leur commandant. Rien ne put leur faire lâcher pied, ni le sifflement des balles, ni le grondement des obus, ni le crépitement des mitrailleuses, ni les cris déchirants des blessés...

Les Prussiens, déconcertés par une résistance si opiniâtre, n'osèrent tenter l'assaut ni des barricades, ni des murs crénelés; mais cette terrible journée coûta la vie à bien des nôtres. Officiers et soldats tombaient avec calme au poste du devoir et de l'honneur.

Mêlé plus particulièrement aux troupes du 12ᵉ bataillon, j'ai pu apprécier de près la belle conduite du commandant Baroche. Insouciant du danger, il se portait constamment aux points les plus exposés, parcourait les lignes de défense, donnait ses ordres avec l'impassibilité du vieux soldat et inspirait la confiance à ses hommes, qu'il entraînait après lui à travers la fumée et la mitraille.

J'étais à côté du sous-lieutenant Blin de Belin lorsque cet officier fut grièvement atteint à la tête par un obus qui blessa aussi le lieutenant Girard de Cailleux, sans empêcher toutefois ce dernier de continuer son service. Nous nous empressâmes, M. Toussaint et moi, de les relever tous deux et de les transporter à l'ambulance. Au même instant, les éclats d'un autre obus tombèrent à trois pas de nous et blessèrent deux mobiles.

Ce fut alors que le commandant Baroche dit à mon fils, le capitaine de Verrie, seul officier restant que les blessures eussent épargné, ces paroles historiques, qu'il accentua d'un sourire triste et nerveux : « *Eh bien! capitaine, le boulet qui doit nous tuer n'est pas encore fondu!* »

Les blessés qui pouvaient suivre vinrent rejoindre à l'ambulance le sous-lieutenant Blin de Belin, et nous continuâmes ainsi notre mission douloureuse sous cette grêle meurtrière.

Durant ce court trajet, un nouvel obus renversa le haut d'un mur qui séparait notre petit parc d'un jardin à enceinte crénelée, où se trouvait la 5ᵉ compagnie avec son capitaine, Cavellini. Ce projectile enleva, sous nos yeux, la moitié de la tête à un mobile, tandis qu'un autre éclat brisait un bras et une jambe à un soldat de la 5ᵉ compagnie. Nous revînmes promptement chercher ces nouvelles victimes, et leur nombre augmentait au fur et à mesure que nous marchions.

La 3ᵉ compagnie, qui se tenait à gauche de la 4ᵉ, dans le jardin, fut moins éprouvée que les 4ᵉ et 5ᵉ, de même que les 1ʳᵉ, 2ᵉ, 6ᵉ, 7ᵉ et 8ᵉ, placées tant à droite qu'à gauche de ces compagnies, qui avaient toutes leur point de centre dans des maisons donnant sur la grand'rue du Bourget.

Les grenadiers du 34ᵉ de marche étaient en première ligne, échelonnés du même côté. Ils gardaient également le bas du village jusqu'au chemin de fer.

Quant au 14ᵉ bataillon (commandant Jacob), il avait ses positions du côté gauche de la grand'rue. Ses compagnies étaient dans une situation à peu près analogue. Il perdit sept hommes, tués ou blessés, non compris ceux qui avaient si brillamment défendu le Bourget la veille.

Les voltigeurs du 28ᵉ de marche (commandant Brasseur) occupaient le Bourget au-dessous du 14ᵉ, à partir de la mairie jusqu'à la barricade du chemin de fer.

Tous les bataillons avaient des hommes postés à la défense des barricades, où se trouvaient aussi les francs-tireurs.

Je n'ai pu apprécier le nombre des morts ou blessés dans la partie basse du Bourget; ils étaient enlevés par les soins et le dévouement de M. Salle, chef d'ambulance à Saint-Denis, qui rivalisait de zèle avec les membres des autres ambulances. Le docteur Gontier, Camille Toussaint et moi, nous avons remis aux uns et aux autres, après quatre heures du soir, les blessés du centre et du haut du Bourget; ils furent emmenés à Saint-Denis et à Paris, après avoir reçu les premiers pansements.

2.

Telle fut la journée du 29, dans laquelle nous perdîmes une trentaine de soldats, morts ou blessés.

Nos hommes étaient fatigués; ils attendaient des vivres, et il est à regretter que le convoi qui devait les leur apporter de Saint-Denis ne soit pas arrivé à temps pour l'heure de la distribution.

Je me dirigeai avec ma femme vers cette ville, emmenant deux blessés, afin de rapporter du linge et des médicaments, dont nous avions déjà manqué, et dont je pressentais que nous aurions encore grand besoin. Quand je suis rentré au Bourget, à six heure et demie du soir, avec des provisions de vivres pour les officiers du 12ᵉ bataillon, arrivait un fourgon rempli de pain pour nos mobiles. La pluie commençait à tomber.

J'annonçai, ne dissimulant pas mon étonnement, que j'avais trouvé toutes les routes, de Paris et de Saint-Denis au Bourget, couvertes de monde comme aux plus beaux jours de fête. Le bruit du canon avait attiré une foule d'hommes, de femmes et d'enfants,

et, tandis que je regagnais mon poste, tous
ces Parisiens, avides de nouvelles, rentraient
à leur demeure joyeux comme on l'est après
une victoire.

Les journées des 28 et 29 étaient effecti-
vement un succès qui laissait espérer un heu-
reux lendemain.

Cependant les Prussiens ne se tenaient pas
pour battus. Ils s'étaient retirés sans que nous
eussions eu assez de forces pour les pour-
suivre et pour détruire leurs batteries. Aussi
mirent-ils le temps à profit, convaincus qu'ils
nous avaient causé de grandes pertes dans la
journée et se les exagérant beaucoup. Ils
firent donc avancer silencieusement, pendant
la nuit, de nombreux renforts en hommes et
en artillerie, travaillant, sous une pluie torrentielle, à rapprocher et à doubler leurs batteries.

D'un autre côté, nos hommes, craignant
une attaque nocturne, ne quittèrent pas leurs
positions, bien que depuis trente-six heures
ils n'eussent pris aucun repos et qu'ils fussent
à peu près à jeun. Encouragés par leurs suc-

cès, ils étaient aussi résolus à défendre le Bourget que les Prussiens étaient acharnés à le reprendre.

Tout était calme, lorsque vers les dix heures et demie du soir, nos sentinelles avancées entendirent du bruit et aperçurent à trois cents mètres d'elles, au moyen de la lumière électrique projetée des forts, une troupe de Prussiens. L'éveil fut aussitôt donné, on fit feu des créneaux, et l'ennemi se retira en laissant quelques morts.

Journée du 3o octobre.

ETTE fausse attaque n'était évidemment qu'une feinte pour dissimuler
un mouvement. En effet, l'ennemi,
exaspéré de son impuissance et de son insuccès, avait résolu un suprême effort. Canons,
infanterie, cavalerie, tout s'était multiplié à
la faveur des ombres de la nuit. Vers la pointe
du jour, le Bourget se trouva en grande partie enveloppé sur sa droite et sa gauche par
des masses de troupes qui défilaient à une
distance de quinze cents mètres, le corps
à demi penché, sans bruit, à la hâte, sur la
pointe du pied, comme des hommes qui cher-
chent à dissimuler leur marche.

Quant aux bataillons postés en avant du

Pont-Iblon, ils se tenaient immmobiles, attendant que les mouvements de contournement fussent assez avancés pous se joindre aux combattants et attaquer le Bourget de tous les côtés à la fois.

Les forces prussiennes, au moins six fois supérieures aux nôtres, étaient secondées par quarante-huit pièces d'artillerie !

Nos troupes occupaient les mêmes positions que la veille; elles disposaient en tout de deux pièces de quatre et d'une mitrailleuse, et se composaient de :

1° Artilleurs et soldats du génie,	40 hommes
2° 14° bataillon de mobile (Seine),	760 —
3° 12° bataillon de mobile,	620 —
4° 28° de marche (voltigeurs),	680 —
5° 34° de marche (grenadiers),	760 —
6° Francs-tireurs de la presse,	240 —

Soit, au total : 3,100 hommes.

A sept heures du matin, débouchèrent au trot, par le bas du Bourget, nos deux pièces d'artillerie, venant prendre position à la barricade du haut. Chacun alors de chanter victoire. C'était, pensait-on, l'avant-garde du renfort qu'on attendait. Mais nos artilleurs, jugeant probablement qu'il était impossible de tenir en présence de forces si considérables de l'ennemi, ne s'arrêtèrent même pas et redescendirent la grand'rue au galop. Cette malheureuse manœuvre nous déconcerta, l'inquiétude gagna tous les esprits, et 1,500 hommes battirent en retraite. Ils purent devancer les lignes prussiennes et gagner la voie ferrée. Dans ce mouvement, plusieurs soldats furent tués ou blessés, entre autres le sergent de Mauny, qui fut atteint à la jambe un peu avant dix heures.

Il ne restait plus pour défendre le Bourget que 1,600 hommes environ, qui tous combattirent vaillamment depuis le moment où, à sept heures et demie, l'ennemi ouvrit le feu, couvrant le village, en l'espace de 40 minutes, de plus de 1,500 obus et boîtes à mitraille.

Les commandants Brasseur et Baroche avaient reçu l'ordre de résister jusqu'à la dernière extrémité. Ils tinrent à honneur de s'y conformer scrupuleusement. Toutefois, ce dernier ne se faisait pas d'illusions sur la gravité de la situation. Cédant à un pressentiment funeste, il dit à ses soldats, d'un ton simple et calme, ces belles paroles : « *C'est aujourd'hui, mes amis, qu'il s'agit d'apprendre à se faire tuer !* » Aussi voltigeurs, mobiles et francs-tireurs, électrisés par l'exemple de leur chef, se défendirent-ils partout avec un égal acharnement.

A huit heures et demie, les Prussiens tentèrent un premier effort sur la barricade du haut. Forcés de reculer devant l'énergie désespérée des nôtres, ils nous assaillirent de nouveau à coups de mitraille.

A neuf heures et demie, le colonel prussien Waldersée, voulant vaincre l'hésitation de ses troupes, les ramena à l'assaut, tenant un drapeau à la main. La barricade fut enfin enlevée après un combat des plus terribles, qui coûta la vie à un grand nombre de soldats prussiens, notamment à ce colonel.

J'ai omis de dire que les commandants Brasseur et Baroche, voyant qu'ils restaient seuls pour défendre le Bourget, s'étaient partagé les positions. Le premier se chargea du côté gauche, comprenant l'église et ses abords ; le second occupa le côté droit, où se trouvait le grand bâtiment dans lequel nous avions notre ambulance. Puis, ces deux officiers, après avoir placé leurs hommes, indiquèrent le groupe de maisons où il faudrait successivement se replier dans le cas où les barricades et les murs de clôture viendraient à être enlevés. Il fut convenu que le dernier point de résistance à occuper jusqu'à l'arrivée de renforts serait : — pour le commandant Brasseur, un groupe de maisons donnant d'un côté sur la grand'rue, de l'autre sur la rue du Bourget à Dugny, et, par derrière, sur les jardins et la campagne ; — pour le commandant Baroche, le grand bâtiment, dont une des pièces du rez-de-chaussée était consacrée à l'ambulance.

Ce bâtiment avait 8 mètres de façade sur

la grand'rue, et 36 mètres sur une cour fermée de chaque côté par des grilles en fer, donnant accès sur les jardins et la campagne.

Il avait pour dépendance un pavillon de 7 mètres carrés, dont il n'était séparé que par un passage de 5 mètres environ. Ce corps de logis comprenait un rez-de-chaussée et un premier étage. Il ouvrait également sur la grand'rue. La défense en fut confiée au capitaine Ernest Ozou de Verrie.

Ces positions, au moyen de feux croisés, se prêtaient un mutuel appui et tenaient l'ennemi en respect des quatre côtés.

Nous savons qu'il ne restait plus au Bourget, après la dispersion d'une partie de ses défenseurs, que 1,600 hommes au plus, savoir :

Le commandant Brasseur, des voltigeurs du 28e de marche, avec 700 hommes, parmi lesquels 4 officiers :

MM. Lemercier, lieutenant ;
      Corta,   —
      Monnier, sous-lieutenant ;
      Marchand,   —

Le commandant Ernest Baroche, du 12⁰ bataillon des mobiles de la Seine, avait avec
lui 200 hommes et 8 officiers :

MM. Cavellini,   capitaine ;
     E. Ozou de Verrie,   —
     Ain,   —
     Girard de Cailleux, lieutenant ;
     Carré,   —
     Sevin-Desplaces,   —
     Dyonnet, sous-lieutenant ;
     Siat,   —

Le capitaine Forey, du 14⁰ bataillon des
mobiles de la Seine, avait avec lui 450 hommes et 14 officiers :

MM. Henri Bouët, capitaine ;
     A. Girard,   —
     Walter,   —
     Bocquet,   —
     Carrère,   —
     Meunier,   lieutenant
     Loiseau,   —

V. Carrère, sous-lieutenant;

Descepeaux,　　　—

E. Schmells,　　　—

Expert,　　　　—

Semery,　　　　—

Morel,　　　　　—

Les francs-tireurs de la presse étaient au nombre de 190 hommes.

Ils étaient commandés par 8 officiers :

MM. Bouleau,　　　capitaine;

　　　F. Dumonteil,　　　—

　　　E. Jourcled, capitaine adjudant-major;

　　　Ch. Solon,　　　lieutenant;

　　　J. Lemelle,　　　—

　　　L. Vallée,　　　　—

　　　A. Joffroy, sous-lieutenant;

　　　A. Naturel,　　　—

La lutte coûta . . . . . .　313 hommes
tués, et. . . . .　1,263 hommes
furent blessés ou faits prisonniers. . . . .　1,576

Ces pertes forment le bilan de sept heures d'un combat furieux. Toutes nos positions ont été défendues pied à pied, et avec une telle rage que chassepots et fusils à aiguille s'entrechoquaient souvent entre les mêmes créneaux. J'ai vu des mobiles debout (notamment Jacques, de la 3ᵉ compagnie du 12ᵉ bataillon), dépassant la crête du mur de la moitié du corps, frapper de droite et de gauche avec la crosse, et balayer ainsi les baïonnettes ennemies.

Nos troupes fléchissaient sous le nombre. Les Prussiens réussirent, par leurs canons et leurs pionniers, à ouvrir des brèches dans nos faibles remparts. Force nous fut alors de réjoindre les maisons du Bourget, dont l'ennemi dut faire le siége une à une. La mort avait décimé nos rangs. Des officiers et bon nombre de soldats manquaient déjà à l'appel.

L'église fut vigoureusement défendue; les voltigeurs qu'y avait placés le commandant Brasseur s'y maintinrent jusqu'à plus de onze heures. Ce n'est qu'en escaladant les fenêtres

3.

hautes que les Prussiens purent s'en rendre maîtres. Il en fut de même d'une maison située au-dessous de la mairie, que le capitaine Bouët, blessé à la première position qu'il occupait, défendit avec une trentaine d'hommes, dont la moitié furent tués.

Je puis affirmer qu'officiers, sous-officiers et soldats firent leur devoir avec un courage égal. Les capitaines Bouleau et Dumonteil, des francs-tireurs, furent grièvement atteints à la barricade du haut; le sous-lieutenant Descepeaux fut blessé à la barricade de la gendarmerie; le capitaine Cavellini fut mortellement frappé aux créneaux; le capitaine Ain fut tué à l'assaut de la maison qu'il défendait; le lieutenant Carrère et le sous-lieutenant Siat reçurent de graves blessures. Il ne restait plus d'officiers, à cette 3e compagnie du 12e bataillon, que le lieutenant Sevin Desplaces, qui dut enfin céder au nombre, et fut fait prisonnier avec le sous-lieutenant Dyonnet, de la 5e compagnie.

Toutes les maisons furent cernées, assaillies à la fois sur les devants et les derrières.

Cette lutte, aussi affreuse qu'inégale, ne laissait d'autre alternative que de mourir ou de se rendre. C'est ainsi que nous perdîmes successivement plus de 1,200 hommes avant midi.

Le centre du village a été défendu, sur la gauche, par le commandant Brasseur avec une centaine d'hommes; sur le côté droit, en face, par le commandant Baroche avec 60 soldats. Le lieutenant Solon était resté à la tête d'une dixaine de francs-tireurs. Dans le pavillon que nous avons décrit se tenait, avec trente-six des siens, le capitaine Ozou de Verrie, faisant vis-à-vis au commandant Brasseur. En tout, un groupe de deux cents, qui vendirent chèrement leur vie.

Depuis onze heures du matin, le commandant Baroche faisait le coup de feu comme un simple soldat, tirant constamment par les croisées avec des chassepots que lui passaient des mobiles. Il fut atteint à l'œil droit par un éclat de pierre qu'une balle détacha du montant de la fenêtre. On veut le panser, laver son visage ensanglanté; il refuse, se bande l'œil avec son mouchoir et continue à tirer. *Je vous demande de tenir encore une demi-heure*, dit-il à ses hommes; *il est impossible que, d'ici là, nous ne recevions pas du secours.* Cette confiance paraissait d'autant plus fondée qu'un mouvement considérable de troupes se dessinait dans le lointain et qu'un redoublement de mousqueterie s'entendait du côté du chemin de fer.

Obstiné, indomptable, soutenant ce terrible choc avec un admirable sang-froid, le commandant Baroche descendit afin d'exhorter une dernière fois à la résistance le capitaine de Verrie.

Six mètres environ le séparaient du pavillon occupé par mon fils. A peine avait-il fait cinq pas, prêt à franchir la grille sur la rue, qu'il tomba, foudroyé d'une balle au cœur.

. . . .

Le capitaine de Verrie remplaça l'héroïque commandant.

Le commandant Brasseur continua le feu avec une énergie désespérée, et reçut, dans son képi, une balle qui le blessa légèrement à la tête. Cependant, à deux heures, les Prussiens rapprochaient encore davantage leur artillerie, les cartouches manquaient à la plupart de nos combattants : — il fallut se rendre!

Telle fut la triste issue de ce combat qui dura trois jours et deux nuits, sous une pluie continue de feu et de mitraille. S'il est vrai qu'il nous a coûté plus de 3oo morts et 1,3oo blessés ou prisonniers, il convient d'ajouter que l'ennemi y a perdu plus de 3,ooo hommes, dont deux colonels, un major, un porte-drapeau et trente-six officiers.

Ces chiffres m'ont été affirmés comme exacts à Gonesse, le 1er novembre, et à Dammartin, le 2 novembre, par des docteurs et officiers d'ambulances prussiennes.

Comme nous nous plaignions à eux qu'on eût fait marcher une partie de nos blessés : « Ce n'est pas notre faute, répondirent-ils, vos Français devaient tirer avec moins de précision.

« Nous avons eu beau requérir toutes les

voitures que nous avons rencontrées et les ajouter aux nôtres, elles n'ont pu suffir à transporter tous nos blessés. »

Le tableau que je viens de faire de la journée du 30 est bien pâle auprès de celui qu'en ont donné nos ennemis. Ils ont su rendre justice à cette poignée d'hommes qui, fidèles à leur devoir et à leur drapeau, ont accompli des prodiges de valeur et ont bravé la mort avec un mépris stoïque.

L'ordre du jour suivant du prince Auguste de Wurtemberg, s'il rend honneur aux soldats prussiens, n'en honore pas moins les nôtres :

« Soldats du corps de la garde !

« La seconde division de l'infanterie de la garde, avec les troupes des armes spéciales qui lui avaient été adjointes, a exécuté glorieusement l'attaque sur le Bourget.

« Un village, ceint de hautes murailles, mis en état de défense et occupé par les meilleures troupes de la garnison de Paris, a été enlevé à l'ennemi, qui a défendu chaque ferme avec tant d'opiniâtreté que

souvent les pionniers devaient ouvrir la route à l'infanterie.

« Bien que les pertes que cette victoire nous a
coûtées soient relativement très-considérables, le
corps de la garde n'en a pas pas moins acquis une
nouvelle journée de gloire pour ses annales.

« Au nom du corps, je remercie, pour l'honneur
qu'ils ont ajouté au corps, l'héroïque commandant
de la 2ᵉ division de l'infanterie de la garde, qui le
premier a franchi, le drapeau à la main, la barricade
qui fermait la route, ainsi que les combattants de
toutes les armes.

« Vive le Roi !

« Gonesse, 30 octobre 1870.

« *Le Général commandant du corps de la Garde,*

« *Signé :* Auguste, Prince de Wurtemberg. »

Voici maintenant la traduction en français
du *Moniteur prussien* du 10 décembre
1870, extraite des lettres et illustrations de
F.-W. Heine, qui ont paru après avoir
reçu l'autorisation du quartier-général de
l'armée de la Meuse :

« L'occupation du Bourget était une nécessité,
puisque l'ennemi, de ce point, pouvait inquiéter nos
avant-postes, et aussi, par les batteries établies au

Bourget, les positions des gardes du corps à Dugny et à Pont-Iblon.

« Il fut donc décidé, par le commandant du 2e corps, que ce village serait repris.

« Le Prince Auguste de Wurtemberg entreprit cette expédition et en confia la mission au lieutenant-général Budrilzki, commandant la 2e division de la garde, qui, avec toute sa division, artillerie, cavalerie et infanterie, la mena à bonne fin, ayant en outre cinq batteries d'artillerie et quelques bataillons de la 1re division de la garde comme réserve.

« Le 30 au matin, dès avant le jour, les colonnes d'attaque postées à Dugny, Pont-Iblon et Blanc-Mesnil se tenaient prêtes à marcher, attendant le moment où trois batteries de campagne sortiraient du Pont-Iblon et commenceraient sur le Bourget un feu très-vif, accompagné aussitôt de celui des batteries établies sur les hauteurs de Garges, Dugny, Blanc-Mesnil et Aubray. La colonne d'attaque du colonel Von Zenner, avec deux bataillons du régiment de l'Empereur Alexandre, était déjà en mouvement pour aller occuper le Drancy au ruisseau Molleret et marcher sur le sud du Bourget, en même temps que quatre batteries de gros calibre, de la garde, étaient parties de Blanc-Mesnil pour attaquer sur la rive opposée avec trois compagnies des bataillons des gardes-tireurs.

« La colonne de Pont-Iblon était commandée par le colonel comte de Kanitz ; elle se composait du régiment de la reine Élisabeth, d'un bataillon du régiment de la reine Augusta, avec la 2e compagnie de pionniers de la garde. A la tête de colonne, près Dugny, se trouvait le major Von Doëventhal avec deux bataillons du régiment de l'Empereur François.

La division d'artillerie était postée à Arnouville pour soutenir la section droite du 2e régiment de la garde.

« C'est dans cet ordre que marchèrent les trois colonnes vers le village, tandis que l'artillerie et la cavalerie avaient à couvrir les ailes. L'artillerie ouvrit le feu à sept heures et demie avec une grêle d'obus et de mitraille, à laquelle il fut répondu des forts de Paris; plus de cent cinquante canons saluaient ce dimanche.

« Une demi-heure après, nos canons se turent pour ne pas devenir dangereux pour nos soldats, qui, pendant ce temps, s'avançaient vers les barricades et les retranchements de l'ennemi, malgré un feu meurtrier sortant des fenêtres, des murs et créneaux. Nos bataillons s'avançaient sans tirer un coup de fusil, drapeau déployé, musique en tête, les commandants et colonels à pied; seuls, le général Budrilzky et le commandant de la brigade Von Kanitz, avec leurs adjudants, restèrent à cheval jusqu'à cent pas de l'ennemi. Alors, sur un signe, la musique se tut, et nos soldats, poussant un hourra, s'élancèrent vers ces murs et barricades qui vomissaient la mort. C'est inutilement que nos hommes sacrifiaient leur vie contre ces masses de pierres, les morts étaient entassés les uns sur les autres devant les barricades; nos soldats, à dix pas devant ces monceaux de cadavres, écoutaient de sang-froid, comme à une parade, le commandement de leurs chefs; ils marchaient à droite et à gauche pour prendre l'ennemi par le flanc; ceux qui avaient échappé à l'assaut de la barricade trouvèrent enfin un chemin à gauche, que les pionniers facilitèrent avec les haches; une ferme fut prise, le toit fut défoncé, et les nôtres entrèrent et commen-

4

cèrent le combat des maisons pendant que les Français tiraient. Crosses de fusil et baïonnettes travaillaient ensemble de maison à maison.

« Dans la première cour, tomba au premier rang le comte de Waldersée, colonel du régiment Augusta (on dit par surprise, les Français ayant agité des mouchoirs blancs d'une fenêtre). Le comte s'approcha, une balle l'étendit mort : « *Saluez ma pauvre femme.* » Tels furent les derniers mots qu'il prononça.

« En même temps, un vieux capitaine français, à barbe grise, s'élança d'une maison et demanda grâce parce qu'il avait femme et enfants.

« Pendant ce combat de maisons, recommença de nouveau l'assaut de la barricade par le 2e bataillon du régiment Élisabeth ; le porte-drapeau, et après lui le sergent Carfun-Kelstein, décoré de la croix de fer, tombaient l'étendard en main ; déjà le courage manque aux assaillants, malgré les preuves de dévouement que donnent plusieurs officiers en mourant devant la barricade.

« C'est alors que le vieux général Budrilzky arrive à pied, car son cheval a été tué sous lui, ramasse le drapeau, et, le sabre tiré, crie à ses soldats : « En avant ! au secours » !

« Il n'y avait plus moyen de rester en arrière ; la barricade est enlevée, mais plus d'un homme périt ; l'un des premiers fut le colonel Zaluskowski, qui dirigeait l'assaut.

« Avec le combat des maisons, attaquées par devant et par derrière, commença celui des rues, dans lesquelles sifflaient les boulets et la mitraille, pendant que de toutes les fenêtres, caves, portes et toits, un feu si terrible nous accueillit que les pion-

niers étaient obligés de percer les murailles pour
déloger les Français. Nos grenadiers, se glissant le
long des murs, cherchaient à atteindre les canons
des fusils français, ou enfonçaient les baïonnettes
dans chaque ouverture qu'ils apercevaient ; une fois
les portes enfoncées, une véritable boucherie : il n'y
avait plus de quartier à espérer.

« Sur une maison on avait écrit : « *Les Prussiens
sont des lâches, nous les tuerons tous.* »

« De cette maison, personne ne resta vivant ; une
autre maison portait écrit en français, avec de la
craie rouge : « *Vous, Prussiens du diable, vous ne
reverrez pas tous vos femmes.* » Alors la fureur ne
connut plus de bornes ; les hommes qui la défen-
daient furent tous massacrés.

« Le plus fort du combat était au-dessous de
l'église, d'où l'on tirait de tous côtés, des maisons
se faisant face, avec une fureur que rien ne peut
égaler.

« L'artillerie des forts français tirait sans égard
pour les leurs ; elle n'a cessé ses feux dans l'intérieur du Bourget, que quand elle a vu les grandes
lignes de prisonniers qui partaient par le nord.
Avant deux heures la victoire était à nous, mais à
quel prix !...

« Nous voici devant la barricade pleine de sang :
quel coup d'œil ! On voyait là nos grenadiers, pas en
rang, mais en tas comme la mort les avait frappés ;
beaucoup étaient couchés la figure dans la boue,
d'autres sur le dos, les yeux ouverts, quelques-
uns les mains jointes comme pour prier ; grand
nombre avaient des blessures affreuses et étaient
tout défigurés. On voyait la même chose dans la
Grand'Rue, ce qui faisait penser à cette grêle qui,

en 1860, avait passé sur Leipzig; seulement, au lieu de grêlons, c'étaient des obus et des grenades.

« Des balles, des baïonnettes, des masses d'armes couvraient aussi le sol; l'on voyait des cervelles et le sang le long des murs. Quoique habitué à voir des combats horribles, jamais, dit M. Heine, il n'y en a eu de plus terrible qu'au Bourget; on peut sans mentir dire que c'est là *qu'a eu lieu un des plus sanglants combats qui aient été livrés sous les murs de Paris.*»

Pour relever l'accusation portée contre des soldats français au sujet de la mort du comte de Waldersée, je crois utile de donner le texte de la protestation des officiers français prisonniers au Bourget. Elle a été insérée, le 27 novembre, dans les journaux belges et allemands.

« On a prétendu que le colonel prussien Waldersée a été assassiné par des soldats français lorsqu'il s'avançait pour parlementer au milieu du combat.

« Tous les officiers faits prisonniers au Bourget donnent le démenti le plus formel à cette ignoble accusation. Ils sont même péniblement affectés de voir transformer en victime vulgaire un héros mort au champ d'honneur.

« Le colonel n'a nullement été victime d'une surprise ni d'un guet-apens, comme on voudrait le

faire croire. C'est en donnant l'exemple du courage et de la bravoure à ses soldats, en franchissant
la barricade qui défendait l'entrée du Bourget,
l'étendard prussien à la main, qu'il est tombé sous
le feu des ennemis loyaux qu'il combattait. C'est au
plus fort de l'action que ce fait s'est accompli, alors
que pas un de nous ne songeait à se rendre, et où
nous avions presque la certitude d'être vainqueurs.

« Il est de notre dignité de rétablir les faits dans
leur exactitude, et, nous le répétons, le colonel Waldersée est mort en héros, et non victime d'un assas-
sinat.

« Du reste, il n'appartient pas aux soldats français
de jouer un pareil rôle, et, si le misérable qui a porté
cette accusation contre nous avait été témoin de la
reprise du Bourget, il aurait vu que tous les braves
soldats qui ont combattu dans cet engagement ont
suffisamment prouvé, par la défense énergique qu'ils
ont opposée à l'ennemi, qu'ils ne pouvaient être con-
fondus avec des sicaires et des lâches.

« Nous aurions beaucoup de rectifications à faire
au sujet de ce combat. Nous attendons que la lumière
se fasse, et nous sentons que ce n'est pas le moment
des récriminations.

« L'ordre du jour du Prince de Wurtemberg, en
date à Gonesse du 30 octobre 1870, nous justifie
suffisamment. »

(Suivent les signatures de trente officiers faits pri-
sonniers au Bourget et emmenés à Erfurt.)

D'après les efforts faits dans la journée du
30 octobre, il est permis de croire que, si des

renforts en hommes, et surtout en artillerie, fussent arrivés le 3o au matin, avant sept heures et demie, le Bourget aurait été longtemps conservé. D'où vient donc que 1,5oo hommes aient été ainsi délaissés, aux prises avec un ennemi dont les forces étaient considérables? et que s'était-il passé en dehors du Bourget pendant que la lutte était engagée?

J'ai dû m'en enquérir depuis mon retour, et, d'après les renseignements et documents que je me suis procurés, ce ne serait pas au général de Bellemare que devrait incomber la responsabilité de la journée du 3 : — ses ordres n'ont pas été exécutés.

Je ne me porte ici ni accusateur ni défenseur de qui que ce soit, mais il est de mon devoir de faire connaître des pièces officielles qui mettront chacun à même d'apprécier.

Je cite d'abord le rapport du général de Bellemare :

« Saint-Denis, le 3o octobre 187o.

« Monsieur le Gouverneur,

« Au rapport que je vous adresse, simple et vrai,

comme vous me l'avez recommandé, et comme je l'ai toujours fait en toutes circonstances, bonnes ou mauvaises, vous voudrez bien me permettre d'ajouter quelques réflexions.

« Je commence par dire que je ne décline aucune responsabilité, et que j'en accepte avec beaucoup de calme toutes les conséquences; cependant, je n'hésite pas non plus à dire que la position du Bourget, maintenue pendant quarante-huit heures, n'a été perdue, et aussi promptement (quand, par une résistance d'un quart-d'heure seulement, les troupes de remplacement arrivaient, faisant un renfort naturel considérable), n'a été perdue, dis-je, que par les mauvaises dispositions, la négligence et l'incurie de celui qui avait reçu mes instructions particulières, et qui n'avait qu'à continuer ce que son prédécesseur avait bien fait.

« En m'emparant de cette position par une surprise de nuit, je ne comptais pas lui donner d'importance, je comptais y mettre un poste d'avant-garde retranché; mais par le fait elle en avait une grande : l'acharnement de l'ennemi à la reprendre en est la preuve, et vous la considériez comme telle, puisque, par dépêche télégraphique d'hier au soir, vous m'ordonniez d'étudier des travaux défensifs relativement considérables; dans le cas contraire, d'ailleurs, vous m'eussiez ordonné de l'évacuer, ce que j'eusse fait immédiatement; je n'ai donc pas agi à la légère, et je suis prêt à justifier mes opérations.

« Un événement malheureux, inattendu, en dehors de toute prévision, est venu frapper de stérilité une opération bien conduite et réussie, et changer presqu'en désastre un succès. Ce sont des éventualités qui arrivent souvent à la guerre, et je proteste énergiquement contre toute supposition qui serait contraire à ce que j'ai cru l'accomplissement d'un devoir. Je m'adresse en ce moment non pas à vous, Général, dont je connais la bonté et l'affection pour moi, mais à des intentions plus ou moins malveillantes que je sais exister à mon endroit.

« Je le répète, cet insuccès est dû à l'insuffisance d'un subordonné que je n'ai pas choisi, et que j'ai même hésité longtemps à envoyer à ce poste ; j'en accepte toutefois la responsabilité.

« Je ne puis garder sous mes ordres un officier qui ne m'inspire aucune confiance et dont j'ai reconnu l'incapacité. Dans mon rapport officiel, je me suis efforcé d'atténuer sa faute, mais en réalité elle est complète ; il faillit être pris lui-même dans sa maison, il n'eut que le temps de se sauver : cela vous donne la mesure de ce qui a dû se passer et vous explique comment il a dû rester tant de monde entre les mains de l'ennemi.

« Le colonel Hanrion, qui venait d'arriver pour le remplacer, devançant ses troupes de quelques minutes, alla les chercher à la première alerte ; quand il revint, tout était fini. Quelques minutes avaient suffi ; il n'eut que le temps de se jeter avec quelques hommes dans une maison en dehors du chemin de fer.

« Vraiment, tout cela serait incroyable si on ne l'avait pas vu, et vous comprendrez facilement ma première indignation, que vous avez prise pour autre chose, à la demande que je vous ai faite.

« Veuillez agréer, etc.

« *Général* DE BELLEMARE. »

Nous donnons, à la suite de cette lettre, le rapport qui l'accompagnait :

« Saint-Denis, le 30 octobre 1870.

« Monsieur le Gouverneur,

« J'ai l'honneur de vous adresser le rapport sur les faits qui ont amené l'évacuation du Bourget, occupé par nos troupes depuis quarante-huit heures.

« Après les attaques infructueuses de l'ennemi pendant la nuit d'avant-hier, la canonnade avait été assez vive, à diverses reprises, pendant la journée d'hier, sans démonstrations sérieuses; la nuit dernière fut très-calme. Ce matin, à six heures, j'envoyai un officier de mon état-major recevoir le rapport du colonel commandant la brigade qui avait pris le service la veille, et qui devait être relevé, ainsi que ses troupes, dans la matinée. Cet officier devait s'assurer que les dispositions de troupes étaient les mêmes que celles que j'avais prescrites depuis deux jours.

« Vers sept heures, le colonel Martin m'envoya prévenir que l'ennemi ouvrait un feu violent d'artillerie; peu de temps après, l'observatoire Montmartre, communiquant avec celui de Saint-Denis, me signalait des colonnes nombreuses d'infanterie prussienne marchant sur le Bourget.

« Je n'avais aucune crainte, d'autant plus que je savais en route les troupes qui devaient aller relever le service de vingt-quatre heures. Néanmoins, je montai à cheval pour me rendre sur les lieux en cas d'événements inattendus. Quand j'eus dépassé la Courneuve, me dirigeant à toute vitesse sur le Bourget, je trouvai la troupe en pleine retraite et la position abandonnée.

« Elles étaient arrêtées à un kilomètre environ du Bourget, partie à cheval sur le chemin de fer, partie à cheval sur la route de Flandres. Ces dernières occupaient une maison dite la Suiferie, tiraillant avec l'ennemi, qui réoccupait la gare et les maisons environnantes. Ne pouvant croire qu'en si peu de temps l'ennemi avait pu s'emparer des maisons crénelées, des obstacles, des barricades, créés par nous depuis deux jours, je fis avancer du monde pour prononcer un mouvement offensif, et je me portai de ma personne en avant pour bien m'assurer, comme c'était ma conviction, que nous résistions encore dans le village; mais je n'entendis rien, et je dus penser que toutes les troupes avaient évacué. N'ayant pas une artillerie suffisante, je ne pouvais penser à faire une attaque de vive force devant des murs crénelés. Sur ces entrefaites arriva le colonel de brigade que j'avais envoyé chercher pour me rendre compte de ce qui s'était passé. Son rapport succinct m'apprit que quelques compagnies étaient restées dans le haut du village; un retour offensif était devenu impossible. L'ennemi l'occupait avec des forces considérables, et les tirailleurs que j'envoyai en avant furent accueillis par une très-vive fusillade partant de toutes les maisons et de tous les murs crénelés. C'est alors que je me décidai à faire rentrer les troupes, en conservant nos postes avancés des jours précédents.

« Il résulte des rapports circonstanciés et contradictoires que je me suis fait adresser par le colonél de brigade et différents chefs de corps que, pendant et à la faveur d'une violente canonnade dans laquelle l'ennemi n'a pas tiré moins de quinze cents coups en trois quarts d'heure, il avait massé à droite du Bourget et en avant de Blanc-Mesnil de fortes colonnes qui, suivant le chemin de fer, passant la Molette et continuant la même direction, masquées par des bouquets de bois, tournèrent le village par derrière, en passant entre lui et Drancy, et débouchèrent en arrière, coupant ainsi la retraite à tout ce qui était en avant. Ce n'est que quand elles se furent emparées des dernières maisons qu'une démonstration fut faite en avant et sur la gauche. Soit par suite de la pluie torrentielle de la nuit qui avait fait chercher aux hommes un abri dans les maisons, soit par suite du feu violent de l'artillerie qui avait amené le même résultat, toujours est-il que les troupes n'occupaient plus, au moment de l'attaque, les positions prescrites, qui avaient permis aux autres, depuis deux jours, de résister avec succès. Les réserves, qui devaient être nombreuses en arrière, n'y étaient plus ou étaient insuffisantes ; tout le gros s'était porté dans le village, quand il ne devait y avoir que peu de monde en tête, à droite, à gauche, et de petits postes intermédiaires sur les flancs : telles étaient les dispositions premières, qui ne purent sans doute être maintenues, par suite de certaines négligences. Les troupes, en petit nombre, qui se sont trouvées devant l'ennemi, ont courageusement et vaillamment fait leur devoir; elles ont dû céder devant les masses; je n'en dirai pas autant de celles qui, s'étant laissé surprendre, n'ont pas montré de sang-froid...

« Je ne puis terminer ce douloureux rapport en vous donnant le chiffre de nos pertes, tant tués et blessés que restés prisonniers, car il rentre des hommes à chaque instant, et ce n'est que demain que je pourrai faire l'appel dans les corps engagés.

« Veuillez agréer, etc.

« *Signé :* DE BELLEMARE. »

D'après les deux pièces qui précèdent, on se demande si les instructions du général de Bellemare n'auraient pas été exécutées, et l'on cherche à découvrir en quoi elles consistaient.

Lorsque, le 27 octobre, le général vint au Bourget, et qu'il se fut rendu compte des mouvements de troupes de l'ennemi du côté de Dugny, Blanc-Mesnil et Pont-Iblon, il fit aussitôt occuper le Drancy par le 8e bataillon des mobiles de la Seine, chargé de protéger le Bourget sur la droite, et renforça également la position de Courneuve pour défendre la gauche ; puis il se rendit immédiatement à Paris pour y requérir de l'artillerie, protestant qu'il ne lui restait plus à Saint-Denis que deux pièces dont il ne pouvait disposer. A neuf heures et demie il était de retour.

Voyant, à onze heures, qu'aucun canon n'était encore arrivé et que les Prussiens redoublaient d'efforts, il retourna précipitamment chez le gouverneur. Cette fois encore ses instances furent vaines!

Les Prussiens n'en furent pas moins contenus le reste de la journée et pendant la nuit, grâce à l'attitude ferme de nos troupes.

Cependant un retour de l'ennemi était à craindre pour le lendemain, et le général de Bellemare donna, le 29 au soir, l'ordre au colonel de brigade d'aller le 30, avec 3,000 hommes de troupes fraîches, relever ou renforcer, dès six heures du matin, celles qui, depuis deux jours, avaient pris et conservé le Bourget.

Le 30, sur les six heures et demie, il partit pour se rendre au Bourget, espérant y trouver ses instructions exécutées. « Déception! » s'écria-t-il en apprenant que le renfort d'artillerie attendu de Paris était encore à venir. C'est alors qu'il envoya quérir le colonel de brigade.

A peine avait-il dépassé Courneuve qu'il

5

rencontra une grande partie des hommes qui déjà avaient abandonné le Bourget ; il donna l'ordre de les rallier et ne tarda pas à s'apercevoir que les Prussiens, en force, occupaient le bas du village à droite et à gauche.

Le colonel de brigade, qui arrivait, l'assura qu'une partie de nos troupes tenait encore le haut du village. Aussitôt le général envoya son chef d'état-major à Paris pour y réclamer une dernière fois l'artillerie devenue si indispensable, et chargea le colonel Hanrion du commandement des troupes fraîches, lui enjoignant d'aller établir son centre à l'usine de *la Suiferie;* puis il expédia au 8e bataillon l'ordre d'appuyer le mouvement afin de déloger l'ennemi ; mais celui-ci était déjà si solidement installé avec de l'artillerie que tous efforts furent inutiles. Les Prussiens, ayant intercepté l'arrivée des secours du côté de Drancy, couvrirent aussi ce village d'une grêle d'obus et de mitraille... Ce fut alors que le 8e bataillon des mobiles vint occuper le parc de Drancy, avec une compagnie de marins.

Les Prussiens tenaient la gare du Bourget et l'usine à suif. Plusieurs attaques furent encore tentées contre eux, du côté du chemin de fer, mais il fut impossible de pénétrer dans le village.

Ironie du sort! ce fut seulement à trois heures et demie que l'artillerie attendue depuis la veille monta la rue Lafayette!!!

En donnant un récit de ce qui s'est passé en dehors du Bourget, je ne l'ai fait que sur des renseignements pris à source certaine. Étant resté constamment dans l'intérieur du village, je n'ai pu en contrôler moi-même l'exactitude.

De qui sont venus les ordres exécutés si honorablement par nos soldats? Nous venons de le voir : du général de Bellemare, qui avait chargé de leur exécution un colonel de brigade dont il se plaint, et qui a été remplacé dans son commandement, tandis que le général n'a pas tardé à être promu au grade de

général de division active, ce qui semble im-
pliquer qu'il a fait son devoir.

Le Gouverneur l'a d'ailleurs reconnu dès
qu'il a eu connaissance de l'ordre du jour du
prince de Wurtemberg en date du 1er novembre.

Je ne veux pas terminer sans vous dire ce
qui est relatif à l'aide-major Gontier, qui a
droit à tout hommage pour le dévouement et
l'activité qu'il a apportés à soigner un si
grand nombre d'hommes. Je n'oublie pas non
plus le sieur Camille-Pierre Toussaint, car,
comme je vous l'ai dit, nous n'étions que
trois docteurs à l'ambulance. Dès dix heures
et demie, il me fallut rentrer dans la pièce où
se tenaient les blessés, sans qu'il fût possible
d'en rapporter d'autres. Notre position à
chacun n'était pas beaucoup moins dange-
reuse dans la petite pièce, ouverte sur la cour,
exposée aux bombes, obus et boîtes à mitraille. Heureusement, aucun de nos blessés
ne fut atteint, quoique plusieurs projectiles
eussent pénétré dans l'ambulance.

Vers midi, les Prussiens, à dix pas de

nous sur la gauche, cherchant à enfoncer la grille, forcèrent notre personnel à se faire reconnaître. Pour préserver notre modeste et triste refuge, nous suspendîmes à la fenêtre, à défaut du drapeau de Genève, un mouchoir blanc sur lequel je fis une large croix rouge avec le sang de nos victimes.

Au bout de quelques minutes, une balle brisa le manche de cet insigne improvisé : je le repris et le remis immédiatement à sa place. Il ne tarda pas à être enlevé une deuxième fois et porté à dix pas au moins par un éclat d'obus ; il ne nous restait plus que la hampe, le mouchoir blanc du docteur fut attaché sur le champ. Je me plaçai près de la porte et tins cet emblème à la main pendant une dizaine de minutes environ, au bout desquelles j'invitai le porte-sac du docteur à me remplacer. Je coudoyais encore ce malheureux jeune homme, quand une balle vint le frapper au cou et l'étendit mort à mes pieds. Je repris aussitôt sa place, car je voyais un groupe de Prussiens à la porte, cherchant toujours à forcer la grille. Ils entrèrent bientôt dans la cour et nous couchèrent en joue. « Ne tirez pas, leur criai-je en leur montrant mon brassard, c'est l'ambulance. » M. Gontier s'avança également. « On a tiré de cet endroit, me répondit un officier, et deux d'entre eux, la baïonnette en avant, faisaient mine d'entrer. Je relevai brusquement l'arme dont la baïonnette s'appuyait sur ma poitrine, et fus légèrement atteint au-dessus de l'œil gauche. J'avais déjà un pied au dehors, lorsqu'une balle du feu de nos voltigeurs et mobiles, qui tiraient toujours, cassa le bras gauche à l'un des deux Prussiens, et à l'autre le médium de la main droite : je les attirai immédiatement à moi. Les autres, dont plusieurs furent également atteints, regagnèrent rapidement la grille, et le docteur Gontier dut panser les deux blessés ennemis. Nous voyions clairement la position des nôtres perdue, tant était grand le nombre de ceux qui nous cernaient de tous côtés. Nos prévisions n'étaient, hélas! que trop fondées.

La pièce où étaient nos blessés fut fouillée, mais nous fûmes respectés. Les deux Prussiens se louèrent à leurs chefs des soins qu'ils

avaient reçus. Le commandant prussien mit
à la porte deux factionnaires dont j'ai eu à
regretter amèrement la consigne rigoureuse :
elle consistait à ne laisser entrer ni sortir personne. Sur les deux heures et demie, un convoi de prisonniers passa dans la cour à trois
pas de moi : mon fils marchait en tête. J'eus
beau l'appeler, les volées des forts ne lui per-
mirent pas de m'entendre; je voulus sortir
pour lui donner le baiser d'adieu, j'en fus
empêché par les deux factionnaires.

Quelques minutes après, un officier prussien passa : je le suppliai de me laisser rejoindre mon fils; il y consentit, mais à peine
avais-je fait trente pas que j'étais arrêté, et
finalement, à cent cinquante mètres au plus,
je fus ramené à un officier qui commandait
un grand poste près de la grille.

Dès que les prisonniers furent partis, les
Prussiens s'occupèrent de ramasser leurs blessés; ils commencèrent par reprendre ceux qui
étaient déposés à notre ambulance, ce qui
nous débarrassa de nos deux factionnaires.
Nous crûmes pouvoir aussi enlever nos bles-

sés, mais il nous fut déclaré que tous étaient prisonniers ; ce furent donc eux qui les emmenèrent.

Tout étant terminé de ce côté vers quatre heures et demie, nous demandâmes à un officier d'ambulance prussienne que le corps du commandant Baroche, resté près de l'ambulance, à l'endroit même où il était tombé, fût transporté aux avant-postes français : nous prévoyions que la famille réclamerait ce noble corps, qu'avait habité une âme si vaillante, et, d'ailleurs, nous étions désireux de lui rendre les derniers honneurs dus à son grade. Cette permission nous fut brutalement refusée. Nous dûmes alors nous résigner à lui baisser la paupière de l'œil gauche, et à lui attacher sur la poitrine une note au crayon que nous signâmes. Nous fîmes un triste et suprême adieu à ces restes inanimés, nous prononçâmes une dernière fois, avec une indicible émotion, ce nom désormais deux fois cher à l'histoire.

La fusillade ne discontinuait pas, depuis le matin, du côté de la ligne du chemin de fer et de la barricade du bas. Nos forts de l'Est et d'Aubervilliers tiraient toujours aussi, paraissant prendre la mairie pour objectif. La grand'rue continuait à être balayée par les balles et la mitraille, ce qui en rendait l'accès impossible. Cependant, après l'enlèvement du corps du commandant Baroche, j'essayai de circuler et de monter en haut du village, muni de mon brassard ; mais il y eut impossibilité. J'entrai donc seulement à la mairie, où, aver l'aide-major Gontier, nous cherchâmes à gagner Saint-Denis. Camille Toussaint tenta le même effort de son côté. Il pouvait être alors cinq heures et demie. La rue était déserte, mais toutes les maisons sans exception, caves, rez-de-chaussée, premiers étages, étaient occupées par les Prussiens, qui avaient toujours, sur la place de la mairie et du côté opposé, des compagnies toutes prêtes destinées à remplacer, de deux en deux heures, celles qui occupaient les barricades. Les compagnies relevées venaient se reformer plus loin, sur le haut du Bourget, à droite et à gauche.

Toujours préoccupé de la pensée de sortir des lignes prussiennes, pour rejoindre ma femme, qui croyait avoir perdu du même coup son fils et son mari, je me risquai de nouveau à circuler dans les rues du Bourget. A deux cents mètres au plus, trois officiers supérieurs, dont le général commandant était sur le seuil d'une grande maison à droite, me pressèrent de questions. Le général parlait bien français. Je lui exposai ma position, et lui fis observer que mon titre de chef d'ambulance me donnait le droit de regagner nos avant-postes, en vertu de la convention de Genève. Il m'objecta que, n'ayant pas de drapeau à croix rouge, j'allais au-devant d'une mort certaine, et il me promit, sitôt la nuit venue et la fusillade apaisée, de me laisser passer. Je retournais donc le cœur plus satisfait à l'endroit d'où j'étais venu, lorsqu'en longeant la place de la mairie, je vis une bombe française tomber au milieu d'une compagnie de Prussiens et renverser une douzaine d'hommes, dont la plupart furent horriblement mutilés. Je hâtai le pas pour aller retrouver

M. Toussaint et le mobile Schmits, qui avait remplacé le porte-sac de l'aide-major dont j'ai raconté plus haut la mort sur le seuil de l'ambulance : ils m'attendaient l'un et l'autre à cet endroit. Quant à M. Gontier, les Prussiens l'avaient pris pour soigner leurs blessés.

La nuit venue, confiant en la promesse du général, nous partons, après avoir attaché un mouchoir blanc au bout d'un bâton de trois pieds de long. Le feu de mousqueterie ayant cessé, nous cherchons à gagner Courneuve en passant au-dessus du parc. A peine y sommes-nous arrivés que deux patrouilles nous mettent en joue : on nous avait évidemment aperçus, car nous fûmes brusquement ramenés à un poste qui se tenait dans le parc, à l'angle du mur sur la campagne. Là, nous fûmes interrogés, fouillés : seul j'avais des papiers en règle. M. Toussaint n'avait que son brassard : je déclarai qu'il était mon ordonnance. La position du mobile Schmits était plus difficile, car il était en uniforme et sac au dos. J'affirmai que ce sac était celui du docteur retenu au Bourget pour panser les blessés; on s'assura qu'il ne contenait que des objets de chirurgie et des médicaments. Je réclamai notre liberté, m'appuyant sur la promesse du général, devant qui je demandai à être conduit. Au lieu de déférer à ma demande, on nous banda les yeux; les bombes pleuvaient autour de nous, et il en tomba une à nos côtés, qui, heureusement, ne blessa personne. Elle fut suivie de plusieurs autres, car le feu des forts n'avait pas discontinué, dirigé probablement sur les baraques établies le long du mur du grand parc, et occupées, comme on devait s'en douter, par les troupes prussiennes.

Après nous avoir fait tourner dix fois sur nous-mêmes, on nous conduisit douze pas plus loin, dans un trou que nous appréciâmes devoir être de trois à quatre mètres de diamètre sur un mètre trente centimètres de profondeur; on nous fit encore tourner sur nous-mêmes, puis on nous mit coude à coude, M. Toussaint à ma droite, Schmits à ma gauche. « Serrez-vous », nous commanda l'officier en poussant mes deux compagnons contre

moi ; puis il nous fit reculer et nous ordonna
de nous asseoir. « Où cela? » dis-je, et je portai
la main derrière moi sans rien trouver, si ce
n'est un talus de terre, sur lequel nous nous
appuyâmes. Un de mes compagnons était por-
teur de mon bidon : l'officier le trouva probablement à son goût, car il se le fit remettre, et,
ne trouvant pas que nous fussions encore assez tassés, il nous fit rapprocher davantage.

« Notre compte est bon », me dit alors
M. Toussaint se penchant à mon oreille. Je
priai Schmits, qui parlait allemand et qui
déjà plusieurs fois m'avait servi d'interprète,
de demander à l'officier ce qu'il attendait
pour en finir, car il y avait plus de trois
quarts d'heure que nous étions dans cette sin-
gulière et critique position. Il nous fut répondu qu'on attendait des ordres. Nous fûmes encore retenus ainsi plus de dix minutes,
puis trois hommes nous prirent chacun par
le bras, nous laissant croire, pour se jouer de
nous sans doute, qu'on nous conduisait à nos
avant-postes. Il n'en était rien : après nous

6

avoir promenés ainsi en nous faisant franchir
plus d'une barrière et passer des ponts, nous
disant à chaque fois : « Levez les jambes »,
nous fûmes emmenés en une demi-heure à un
poste prussien, où enfin on nous débanda les
yeux. Il était environ huit heures. Là, nous
fûmes gardés à vue. Vingt-cinq à trente minutes s'étaient écoulées lorsqu'on amena notre aide-major Gontier, les yeux également
bandés; on se contenta de s'assurer que nous
nous connaissions bien les uns et les autres,
puis, sans plus de façons, ordre fut donné de
nous conduire à la mairie, car c'était dans
l'intérieur du Bourget qu'on nous avait ramenés. On nous enferma avec nos blessés jusqu'au lendemain matin, exposés tous ensemble aux projectiles venant des forts français,
mais dont, grâce à Dieu, pas un ne tomba
sur le bâtiment. Deux de nos blessés mouru-
rent pendant la nuit avec des plaintes déchi-
rantes : impossible de les soulager! Ils de-
mandaient à boire, et nous n'avions même
plus d'eau. — Quelle pénible nuit! couchés
par terre et sans paille...

Enfin, à six heures et demie du matin, on nous ouvrit les portes avec ces mots en allemand : « Vous êtes libres ». Aussitôt nous nous élançons pour monter le Bourget; mais on nous fit descendre brusquement à gauche pour nous conduire sous bonne escorte au poste de la veille. Et, malgré nos réclamations réitérées, on nous conduisit, avec les blessés en état de supporter le voyage, à Gonesse, où l'on nous enferma dans l'église. Nous y trouvâmes une quinzaine des nôtres auxquels leurs blessures n'avaient pas permis d'aller plus loin.

Ce spectacle était encore lamentable, et que de plaintes arrachées par la souffrance !

Un docteur prussien s'étant présenté pour examiner et panser les blessures de plusieurs de nos soldats, je demandai à un officier qui l'accompagnait à être enfin conduit au général, que je devais trouver à Gonesse. On nous y mena, MM. Gontier, Toussaint et moi; mais, après nous avoir laissés plus d'une heure sous un porche, il nous fut répondu que ce ne serait qu'à Dammartin qu'on pourrait statuer sur notre sort. Nous fûmes de là reconduits dans l'église, n'ayant pris depuis vingt-quatre heures d'autre nourriture qu'un peu de pain que les bonnes sœurs de Gonesse étaient venues nous apporter.

Enfin, vers trois heures, après que nous eûmes tous été comptés et recomptés, notre convoi, à l'exception des blessés non transportables, qui furent mis à l'hôpital, se dirigea sur Dammartin, où nous arrivâmes, les uns à pied, les autres sur des voitures de paille, à huit heures et demie du soir. On nous renferma dans une maison d'école, où on nous apporta enfin du pain et du vin, puis les sœurs de charité nous vinrent en aide en nous donnant du café bien chaud et du tabac. Nous passâmes la nuit du lundi au mardi sans avoir à nous plaindre.

Nous étions une trentaine, tant valides que blessés; nous avions fait route avec les officiers Rouleau et Dumonteil, l'un atteint d'une balle à la poitrine, l'autre à la tête, et avec M. Carré, lieutenant, frappé au bras d'un coup de feu. Quant au capitaine Cavellini, trop grièvement blessé, il dut être transporté à l'hôpital, où il mourut douze jours plus tard.

Nous étions étroitement gardés; nous n'avions pas même la liberté de sortir dans la cour sans être accompagnés.

Le mardi, à neuf heures, après la revue dans la chambre, on prit à nouveau nos noms et qualités, on nous compta et recompta, puis on nous fit apporter du vin, du pain et de la viande. Les dignes et vénérables sœurs de l'hôpital de Dammartin y joignirent du rôti et du fromage. Les plus nécessiteux d'entre nous leur demandèrent des mouchoirs, quelques chemises, des chaussettes; elles s'empressèrent d'en apporter, quoique déjà la veille elles eussent largement suffi au soulagement des 1200 prisonniers qui nous avaient devancés, et qui avaient passé la nuit dans l'église. A une heure, des voitures vinrent prendre nos blessés; les prisonniers valides suivirent à pied. Tous furent dirigés sur Erfurt, mais plus d'un ne put continuer la route, et dut s'arrêter dans les hôpitaux.

6.

Quant à MM. Gontier, Toussaint et moi,
nous fûmes conduits au commandant de place
de Dammartin, qui écouta nos réclamations
et finit par nous dire qu'il regrettait la mé-
prise dont nous étions victimes, mais que, du
moment où nous connaissions les positions
de leur armée, nous devions fatalement être
dirigés sur la Belgique. Nous protestâmes vi-
vement ; mais il objecta que l'armée française
en avait fait autant en plusieurs occasions à
l'égard de leurs ambulances, et aussitôt il
nous remit une feuille de route avec l'itiné-
raire suivant : Château-Thierry, Meaux, La
Ferté-sous Jouare, Reims, Boulzicourt et
Sedan, jusqu'à la frontière belge, avec la men-
tion que, si nous nous écartions de cette ligne,
nous serions considérés et traités comme prisonniers évadés.

Notre départ fut fixé au mercredi matin, et, sur notre demande, appuyée de
celle des vénérables sœurs de Dammartin,
nous pûmes aller le soir dîner et coucher
chez elles. Dire la façon avec laquelle nous
avons été traités, les soins délicats, empressés,

dont nous fûmes entourés, nous serait impossible. Nous ne pouvons qu'en conserver la
plus vive reconnaissance. Nous n'avions pour
toutes ressources que 7 francs 50 centimes :
elles trouvèrent, ces bonnes sœurs, moyen de
de nous procurer à chacun 40 francs, ajou-
tant que c'était aux pauvres que nous aurions
à les rendre dans des jours meilleurs. C'était,
dans notre situation, une véritable fortune.
Nous les quittâmes les larmes aux yeux, en
les priant de faire savoir à nos familles, par
toutes occasions possibles, ce que nous étions
devenus. Tout le long du trajet, nous faisions
la même recommandation, tantôt à l'un, tantôt à l'autre, laissant à chacun une carte à
faire parvenir dans Paris ; mais la consigne
des Prussiens est inexorable, et pas un de nos
billets n'a pu être remis à destination.

Je m'empresse de dire que partout, sur
notre parcours, nous fûmes accueillis et traités
comme des frères. A Reims, la mairie nous
vint en aide : gilets de laine, chaussettes, ca-
leçons, nous furent donnés ; nous en avions
grand besoin. Si nous n'eussions été si tristes

en nous éloignant des nôtres, que nous savions en proie aux plus vives inquiétudes, nous n'aurions pas souffert de ce long voyage.

Tout se passa bien jusqu'à Boulzicourt, mais là nous tombâmes chez un véritable Tamerlan, qui, sous prétexte de viser nos pièces, débuta par nous faire garder à sa porte pendant plus d'une heure. Enfin, après qu'il eut dîné, il examina nos papiers et prétendit qu'ils n'étaient pas réguliers. Nous devions entretenir, d'après ce farouche commandant, des intelligences avec les francs-tireurs des environs de Mézières, qui chaque jour inquiétaient les Prussiens : nous avions en effet appris qu'il avait fait brûler quelques fermes et hameaux du voisinage, dont les habitants étaient accusés d'avoir donné asile à des francs-tireurs.

Sans plus d'explications, il ordonna qu'on nous enfermât dans une écurie, et nous menaça de nous faire fusiller. Nous restâmes avec cette perspective plus d'une demi-heure, nous disant qu'il était cruel de sombrer si près du port.

Notre homme se ravisa à la pensée que nous pourrions sauvegarder le transport d'une vingtaine de fourgons qu'il devait envoyer le soir même à Sedan. Ce fut probablement cette circonstance qui nous sauva; il ne nous restait plus que le danger de la route, en ce sens qu'il envoya chercher des cuirassiers blancs, dits de Bismarck, pour nous garder à vue, le pistolet au poing. C'est ainsi qu'ils nous conduisirent au dépôt, où les fourgons furent immédiatement attelés; on nous mit en tête, avec recommandation expresse de se défaire de nous si le convoi était attaqué. Nous étions donc tenus à l'œil, mais Dieu nous protégea, et nous arrivâmes sains et saufs à Sedan. Là, nous fûmes déposés à la *Commandanture;* une note peu favorable nous accompagnait sans doute, car il nous fut posé bien des questions. Néanmoins, après nous avoir entendus, le commandant de Sedan fut aussi bienveillant que celui de Boulzicourt avait été féroce. Les cuirassiers furent congédiés, et deux ulhans nous conduisirent à la frontière belge, sans que nous ayons eu à nous plaindre de leurs procédés.

Nous arrivâmes à Bouillon le soir même, vers neuf heures et demie. Le lendemain nous étions à Bruxelles, sans qu'il nous en eût rien coûté à partir de Bouillon, grâce à l'heureuse rencontre que nous fîmes de M. Wankerbeg, membre de la Société belge de secours aux blessés et prisonniers de guerre. Il nous délivra des cartes de parcours donnant droit à demi-place, et paya le reste délicatement en dehors de nous.

Sur les cinq heures, nous nous présentâmes à l'ambassade française pour faire constater nos positions. Nous dînâmes chez M. Laboulaye, premier secrétaire de l'ambassade, cousin du commandant Baroche, dont le cœur sait si bien aider au soulagement de ses concitoyens. Il nous fit obtenir un secours de la Société internationale française, dont il est un des membres actifs. M. le colonel Hubert-Saladin, le président, est plus digne que personne d'en être à la tête : son dévouement est absolu, et il consacre tout son temps à cette œuvre si humanitaire et si patriotique. Combien de nos malheureux blessés et prisonniers ont-ils reçu de bienfaits par ses mains!....

Voyant l'impossibilité de rentrer à Paris, je m'attachai en Belgique aux ambulances, en attendant, ainsi que M. Toussaint, une occasion favorable, que nous supposions prochaine. Nous espérions, hélas! que la ligne d'investissement de Paris serait enfin bientôt brisée!

Une nouvelle et cruelle épreuve m'attendait. La femme de mon fils mourut en Belgique, à vingt-cinq ans, n'ayant pu résister aux émotions dont elle avait été assaillie à la suite des terribles journées du Bourget, émotions d'autant plus poignantes, qu'elle ignora jusqu'à la fin le sort de son malheureux mari.

Ayant appris que mon fils avait été conduit à Erfurt, je me décidai à aller lui porter cette triste et désolante nouvelle. Je me mis donc en rapport direct avec la Société internationale de secours aux prisonniers. J'arrivai à Erfurt, où je pus rendre pendant mon séjour d'importants services à mes compatriotes.

Je termine ici mon récit. J'aurais voulu pouvoir y ajouter que le courage avait fini par triompher de la force, et que la France était enfin sortie victorieuse de la lutte si inégalement engagée par elle. — Pauvre Patrie! tu es mutilée, morcelée; de riches contrées sont aujourd'hui la proie de ton exigeant vainqueur. Mais, si ta couronne de lauriers n'a plus toutes ses feuilles, du moins tu portes toujours au front celle plus précieuse que t'a décernée la Civilisation, et qu'ont tressée pour toi les Lettres, les Sciences et les Arts.

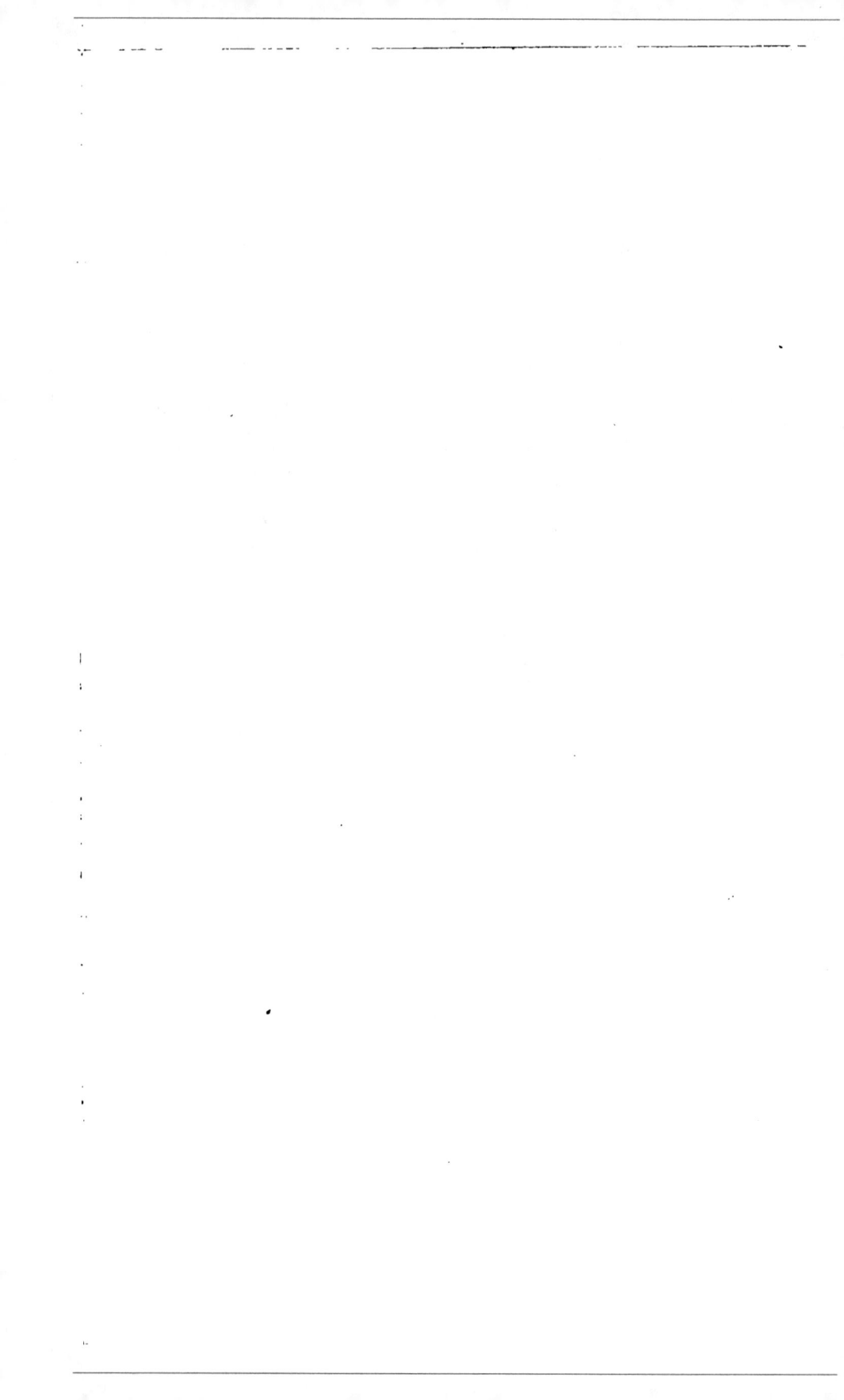

www.ingramcontent.com/pod-product-compliance
Lightning Source LLC
LaVergne TN
LVHW051504090426
835512LV00010B/2339